우리가 간다

지리·역사·문학 지역 체험 학습

우리가 간다

경남

지호진 글 × 이진아 그림

> 여는 글

꿀잼 도시로, 우리가 간다!

 안녕! 이 책을 펼친 너, 혹시 이런 생각 해 본 적 있어?
 "우리 동네는 너무 심심해. 맨날 똑같아. 자랑할 것도 없고, 재미있는 얘기도 없잖아."
 그런 뜻에서 어떤 지역은 '노잼 도시'라고 놀림을 받기도 하지. 유명한 관광지가 아니라서 딱히 구경할 게 없다는 거야. 또는 이미 너무 유명해서 뻔하다고 느낄지도!
 하지만 알고 보면 세상에 노잼 도시는 하나도 없어. 우리 지역이든, 다른 지역이든 지루한 회색빛 도시로만 보인다면 그건 아직 그곳에 숨은 사연을 잘 몰라서일 거야.
 그런 친구들을 위해 〈지리·역사·문학 지역 체험 학습〉 시리즈를 준비했어! 이 시리즈는 각각의 지역이 가진 자연환경, 지명의 유래, 곳곳에 숨은 가슴 아픈 한국사, 세계가 부러워하는 국가유산, 꼭 기억해야 하는 인물과 지역민의

정서를 가득 담아낸 문학 작품까지, 여러 가지 주제를 통해 다양한 빛깔의 지역 이야기를 펼쳐 보일 거야.

그중에서도 2권 《우리가 간다 경남》은 대한민국의 산업과 전통이 모두 살아 있는 경상남도의 이야기야. 한반도의 남동쪽을 든든히 지키고 있는 경남은 동쪽으로는 부산광역시·울산광역시와 이웃해 있고, 남쪽으로는 하늘이 내린 자연 남해와 만나는 풍요로운 땅이야. 가야의 500년 역사와 그 이후 고대부터 현대에 이르기까지 우리나라의 파란만장한 역사를 품은 지역이기도 하고. 게다가 박경리, 박재삼, 김춘수, 김동리 등 말만 들어도 쟁쟁한 문학가들과 인연이 깊은 걸로도 유명하지!

이 책을 다 읽고 나면 너도 이렇게 말할걸?

"노잼 도시? 아니! 완전 꿀잼 도시잖아!"

이 책의 활용법

이렇게 읽으면 지역 박사가 될 거야

1. 한눈에 보는 지역

① 첫 장을 열면 등장하는 지도! 지리적 특징은 물론, 꼭 가 봐야 할 곳들을 딱 보여 주지.

② 이렇게 깜찍한 '지역 캐릭터' 봤음? 각 부 시작마다 지역을 상징하는 캐릭터가 등장해 눈이 즐거울 거야.

2. 술술 읽으며 쑥쑥 쌓는 교양

① '지리', '역사', '문학'을 주제로 지역 이야기를 따라가 보자. 그곳이 어디든 새롭게 보일걸.

② 불쑥 등장하는 질문과 답! 이것만 알아도 지역 박사가 될 수 있어.

3. 교과 지식 + 인물 이야기

① 교과서에서 따분하게 느껴졌던 단어가 지역 속에 살아 있다는 걸 알게 될 거야.

② 기쁨과 슬픔, 감동이 있는 인물 이야기! 친구들과 토론을 하기에도 딱 좋아.

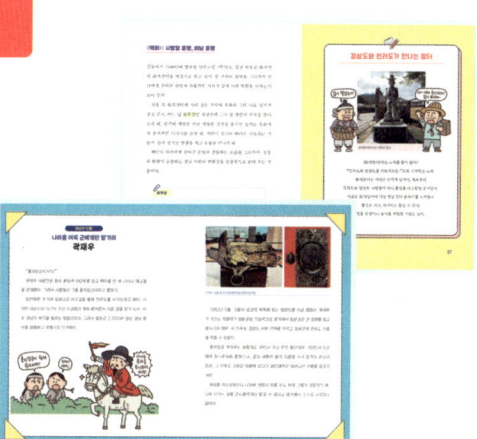

4. 직접 떠나는 지역 체험 학습

① 각 장마다 지역을 대표할 만한 의미 있는 장소들을 소개하고 있어.

② 하지만 사진만 봐서는 그 진가를 다 알 수 없지. 직접 가 보고 느껴 보자고! 우리가 간다!

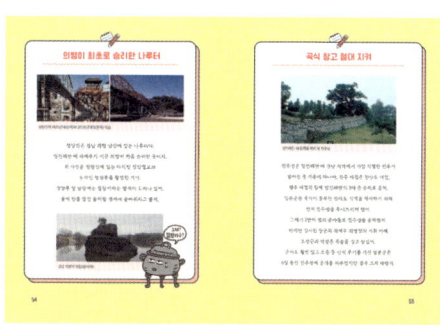

차례

- **여는 글** 꿀잼 도시로, 우리가 간다! • 4
- **이 책의 활용법** 이렇게 읽으면 지역 박사가 될 거야 • 6

1부 우리나라 산업과 관광의 중심

경남의 지리

1장 한반도 남동쪽의 풍요로운 도시 • 16
- '경상'에 담긴 뜻 • 17
- 부산·울산도 원래 경남? • 18
- 경남 삼총사, 창원·김해·진주 • 19
- ◆ 경남을 왜 영남이라고도 불러? • 21

2장 남해와 낙동강, 물의 축복 • 22
- 낙동강 따라 펼쳐진 기름진 땅 • 23
- ◆ 산에서도 농사짓는 다랭이마을 • 25
- 수산업도 맡겨 줘 • 26
- 바닷가 공업 도시들의 대활약 • 27

3장 산맥이 만들어 낸 아름다운 바다 풍경 • 28
- 동해와 서해를 반씩 닮은 남해 • 30
- 섬들을 품어 안은 물길, 한려수도 • 31
- ◆ 하늘과 바다의 경계를 잇는 등대섬 • 32
- ◆ 신선도 머물다 간 바위 • 33

2부
전쟁의 거센 파도를 견뎌 낸 땅

경남의 역사

1장 가야의 역사가 살아 숨쉬는 곳 • 38
- 삼국 말고 삼한 • 39
- 가야, 500년의 터전 • 41

인천의 인물 황금알에서 왕이 나셨다네
_수로왕 • 42

◆ **무덤이 말해 주는 빛나던 시절** • 44
- 우리 이웃이 무서워졌어요 • 45
- 고구려와 신라에 의해 멸망하다 • 46
- 경남과 경북, 둘이 되기까지 • 47

인천의 인물 삼국을 통일한 가야의 후손
_김유신 • 48

2장 임진왜란 최대의 격전지 • 50
- 남해 앞바다에서 빵빵 터진 승전보 • 51
- 경남 땅 곳곳에서 일어난 의병들 • 52
◆ 의병이 최초로 승리한 나루터 • 54
◆ 진주성은 절대 못 넘지 • 55

인천의 인물 나라를 어찌 군에게만 맡기리
_곽재우 • 56

3장 6·25 전쟁과 독재의 상처가 곳곳에 • 58
- 임시 수도가 된 경남 • 60
- 낙동강 방어선을 지켜라 • 61
- 흥남부두를 떠난 피란민을 받아 준 곳 • 62
◆ 전쟁 포로의 비극을 기억하는 곳 • 63
◆ 피란민에게 일어난 크리스마스의 기적 • 64
- 부정 선거 NO! 장기 집권 NO! • 65

인천의 인물 마산 앞바다에 잠든 민주 열사
_김주열 • 66

3부
근현대사의 흐름 속 전통과 향수
경남의 문학

1장 한국 근대사의 큰 물결을 그린
박경리의 《토지》 • 72
- 혼란한 시대 속 주인공의 성장기 • 74
- 슬펐기 때문에 글을 쓸 수밖에 없었다 • 75
- 시대와 개인의 아픔 모두를 담아낸 작가 • 76
◆ 《토지》에 푹 빠졌다면 하동! • 77

2장 한국문학에 획을 그은 시인
박재삼과 김춘수 • 78
- 삼천포 바다가 기른 시인 박재삼 • 80
◆ 엉뚱한 행복이 기다릴 것 같은 삼천포 • 81
- 한국 시의 지평을 넓힌 김춘수 • 82
◆ 김춘수의 흔적을 따라 걷는 꽃길 • 83

3장 경남을 사랑한 소설가
김동리의 〈역마〉와 〈산화〉 • 84
- 〈역마〉: 사랑할 운명, 떠날 운명 • 86
◆ 경상도와 전라도가 만나는 장터 • 87
- 〈산화〉: 인간의 탓일까, 하늘의 뜻일까 • 88
◆ 8만 개의 나무판에 담긴 마음 • 89

사진 출처 • 90
참고 사이트 • 91

1부

우리나라 산업과 관광의 중심

경남의 지리

경상남도(경남)는 수도권 못지않게 발달한 경제와 많은 인구를 자랑하는 지역이야.
한반도 남동쪽이라는 위치와 경상도의 젖줄이라 불리는 낙동강, 경치가 아름답고 수산업이 활발한 남해, 기계 공업 단지와 배를 만드는 조선소를 토대로 발달한 산업 덕분이지.

❶ **창원 국가산업단지**
경남의 경제·산업을 이끌어 가는 중심지

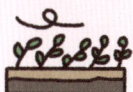
❷ **김해평야**
낙동강 하류의 기름진 땅

❸ **다랭이마을**
산을 계단식으로 깎아 농사를 짓는 마을

❹ **한려해상 국립공원 통영·한산 지구**
한려수도의 아름다운 물길이 시작되는 출발점

❺ **소매물도 등대섬**
새파란 통영 바다와 새하얀 등대의 조화

❻ **신선대**
신선도 앉았다 갈 만큼 아름다운 바다 바위

1장
한반도 남동쪽의 풍요로운 도시

경상남도, 줄여서 경남은 한반도의 남동쪽에 자리하고 있어. 위아래로 보면 남쪽에 있고, 양옆으로 보자면 동쪽에 있다는 얘기지.

경남과 이웃해 있는 지역들은 어디일까? 동쪽으로는 부산광역시와 울산광역시, 서쪽으로는 소백산맥을 경계로 전북특별자치도와 전라남도, 북쪽으로는 대구광역시와 경상북도하고 닿아 있지. 그러면 남쪽으로는? 맞아, 남해야. 경남 지역 중 하나인 '남해군'이 아니라, 한반도 남쪽에 있는 바다를 뜻하는 '남해'!

경남의 면적은 어느 정도나 될까? 약 1만 542제곱킬로미터로 전국의 약 10.5퍼센트를 차지하고 있어. 대한민국 17개 시·도 가운데 경상북도, 강원특별자치도, 전라남도에 이어 네 번째로 넓지. 서울특별시의 약 17배에 달하는 크기야.

땅덩이가 넓은 만큼 사람도 많이 살고 있을까? 경남의 인구는 약 323만 명이야(2025년 1월 기준). 경기도, 서울특별시, 부산광역시에 이어 네 번째로 많아.

경남이 서울보다 훨씬 큰데, 인구수는 적네?

맞아. 예를 들어 경남이 1제곱킬로미터의 땅에 약 306명이 사는 셈이라면, 서울은 같은 면적에 무려 15만 537명이 사는 셈이지.

안타깝게도 경남을 비롯한 비수도권 지역은 인구수가 점차 줄어드는 추세야. 경남에서는 이러한 인구 감소 문제를 해결하기 위해 종합대책을 발표하고 다양한 정책을 추진하고 있어.

'경상'에 담긴 뜻

경상남도는 경상도의 남부 지역이라는 뜻이잖아. 경상북도는 경상도의 북부 지역이고. 그럼 둘을 아우르는 경상도는 어떤 뜻일까?

경상도는 고려 시대부터 이어져 온 뿌리 깊은 이름이야. 당시 경상

도 지역의 큰 고을이었던 경주의 머리글자 '경', 상주의 머리글자 '상'을 따서 '경상'이라는 이름을 붙인 거야.

그런데 경주와 상주 모두 지금으로 치면 경북에 있어. 경남 입장에서는 좀 아쉬울 수도 있으려나? 하지만 경남과 경북 모두 신라와 고려의 역사를 공유하는 지역이라는 점이 중요하지.

부산·울산도 원래 경남?

경상도는 경상남도와 경상북도로 나뉘었다가 부산광역시·대구광역시·울산광역시·경상북도·경상남도, 이렇게 5개로 또다시 나뉘게 되었어. 인구수와 면적, 지리적인 조건 등에 따라 광역시라는 독립된 행정구역이 생겨난 거지.

그중 부산광역시와 울산광역시는 원래 경상남도에 속해 있었어. 1963년에 경상남도 부산시가 부산직할시로 승격하고 다시 1995년에 부산광역시가 되었지. 1997년에는 경상남도 울산시가 울산광역시가 되었고.

현재 우리나라의 광역시는 부산, 대구, 인천, 광주, 대전, 울산 총 6개야. 그중에 2개 광역시가 원래 경남에 속해 있던 거니까, 경남이 얼마나 크고 인구가 많으며 발전한 지역이었는지 짐작이 되지.

광역시

원래는 '직할시'였어. 정부가 직접 관리한다는 뜻이었지. 그러다 지방의 자치권이 생기면서 광역시로 명칭이 바뀌었어. 보통 인구가 100만 명이 넘는 대도시가 광역시 후보가 돼. 거기에 경제적 기반, 행정의 독립성, 생활 기반 시설 등을 함께 따져 보고 광역시로 승격할지 말지 결정하지.

경남 삼총사, 창원·김해·진주

경남은 8개의 시와 10개의 군으로 이루어져 있어. 그중 북쪽에는 함양군, 거창군, 산청군, 합천군, 의령군, 창녕군, 밀양시가 있고, 남쪽

1장 한반도 남동쪽의 풍요로운 도시

에는 양산시, 김해시, 창원시, 함안군, 진주시, 사천시, 하동군, 남해군, 고성군, 통영시, 거제시가 있지.

이들 중에 가장 중심이 되는 지역은 어디일까? 일단 행정 면에서는 경상남도 도청이 자리해 있는 창원시라고 할 수 있어. 경제·산업 면에서도 창원 국가산업단지가 있는 창원시를 꼽을 만하지.

김해국제공항이 자리한 김해시는 교통·유통의 중심지로 꼽혀. 주요 대학이 있고 대형 문화 행사가 자주 열리는 진주시는 교육·문화의 중심지라고 할 수 있을 거야.

창원 국가산업단지

우리나라 최대의 중화학 공업 중심 산업 단지로, 1974년에 나라에서 만들었어. 현재 기계·운송·전기·전자·철강 등 분야의 약 2,600개 기업이 운영되고 있고, 총 12만 명 이상이 일한다고 해.

경남을 왜 영남이라고도 불러?

조령의 제1관문

뉴스에서 경남과 경북 지역을 묶어
영남이라고 부르는 것 들어 봤어?
멀쩡한 이름 놔두고 왜 그러는 걸까?
영남은 고개 령(嶺), 남녘 남(南), 그러니까
'고개의 남쪽'이라는 말이야.
이 고개는 경북 문경시와 충북 괴산군 사이에 있는데,
새도 날아서 넘기 힘들 만큼 높고 험하다는 뜻으로
새 조(鳥) 자를 써서 '조령'(새재)이라는 이름이 붙었대.
영남은 주로 경상도를 뜻하지만
좁게는 대구·경북만을 이르기도 해.

2장
남해와 낙동강, 물의 축복

 대한민국의 남동쪽에 있는 경남의 가장 중요한 지리적인 특징은 뭘까? 바로 여러 도시가 남해와 맞닿아 있고, 산업과 문화, 관광 등에서 남해의 깊은 영향을 받고 있다는 거야.

 남해는 수심이 얕은 편이고 1년 내내 따뜻한 해류가 흘러서 양식업 등 수산업 발달에 유리해.

 또 남해와 맞닿아 있는 항구가 많아서 무역항의 역할을 할 뿐 아니라, 해안을 이용한 공업지대로 발달하기도 쉬운 편이지.

 경남의 지리적인 특징 또 하나는 이 지역의 가운데로 큰 강이 흐른다는 거야. 바로 낙동강! 낙동강은 길이가 약 525킬로미터로 대한민국에서 가장 긴 강이야. 강원도 태백시에서 시작하여 경상도를 지나 부산을 거쳐 남해로 흘러가는 강이야.

남해와 낙동강이 있었기에 경남을 비롯한 '부울경' 지역은 경제·산업·교통 면에서 대한민국 최대의 경제권을 이룰 수 있었어.

'부울경'이 뭐야?

부산광역시, 울산광역시, 경상남도의 머리글자를 합친 말이야. 부울경 지역은 서울을 중심으로 한 수도권 다음으로 크게 발전한 지역이야. 인구도 약 758만 명에 달하지(2024년 기준).

부울경은 행정상 분리되어 있지만 경제·산업 면에서 가까이 연결되어 있기 때문에, 하나의 '메가시티(초대형 도시)'로 묶어서 발전시키려는 논의가 계속되고 있어.

낙동강 따라 펼쳐진 기름진 땅

낙동강은 경남의 여러 행정구역의 경계선이 될 정도로 큰 영향을 미치고 있어. 양산, 김해, 창녕, 밀양, 함안, 창원 등이 낙동강을 사이에 두고 다른 지역과 맞닿아 있지.

낙동강이 흐르는 주변으로는 대체로 평야가 발달했어. 낙동강 양쪽으로는 하남평야와 대산평야가 있고, 낙동강의 하류 지역에는 김해평야가 드넓게 펼쳐져 있거든.

낙동강 주변 평야가 발달한 덕분에 경남은 논농사를 비롯한 농업이 크게 발달했어. 요즘은 채소·과일·화훼(화초) 등 수익성이 높은 원예 작물도 많이 재배해. 곳곳에 수출 농업 단지를 만들어서 농산물 수출에도 힘을 쏟고 있고.

평야
높낮이 없이 평평하고 넓은 땅을 말해. 특히 강이 흐르면서 상류의 흙과 모래가 하류에 쌓일 때 농사짓기에 좋은 기름진 땅이 되지.

산에서도 농사짓는 다랭이마을

남해군의 다랭이마을

보통 농사는 평야같이 평평한 곳에서 짓잖아.
그런데 경남 남해군은 대부분 산지와 바다로 이루어져 있고
큰 강이 없다 보니 평야가 발달하지 않았어.
그래서 산비탈을 깎아 농사를 짓게 됐지.
바로 다랭이논이 있는 다랭이마을 이야기야.
'다랭이'는 계단처럼 층층이 있는 논을 뜻해.
비가 내려도 흙이 그대로 쓸려 내려가지 않고,
물도 골고루 공급되는 게 장점이야.
따뜻한 바닷바람 덕에 벼농사뿐 아니라
마늘, 고구마, 감자 같은 작물도 잘 자란대.

수산업도 맡겨 줘

경남은 남해안을 끼고 있으면서 동해안과도 가까워서 수산업이 발달했어. 거제, 고성, 통영, 창원, 남해, 사천, 하동 등 남해를 끼고 있는 지역에는 어업을 위한 항구가 줄줄이 늘어서 있지.

경남에서 가장 발전한 산업은 중화학 공업이라고 했지만, 사실 경남은 예로부터 수산업이 매우 발달한 지역이기도 해. 공업화에 밀려서 중요도가 약간 낮아졌을 뿐이지.

경남에서 가장 많이 잡히는 어류는 멸치야. 전국 생산량의 54퍼센트를 차지할 정도로 많이 잡힌다고 해. 그다음으로는 여러 난류성 어류가 주로 잡히지. 어류나 조개류를 인공적으로 기르는 양식업도 활발하게 이루어져.

> **난류성 어류**
> 수온 10~30도씨의 따뜻한 바다에서 잡히는 어류를 말해. 고등어, 전갱이, 방어, 참치, 갈치, 삼치 등이 있지. 이들은 수온 변화에 민감하고 빨리 성장하며 번식을 많이 하는 특징이 있어.

바닷가 공업 도시들의 대활약

1960년대 초부터 남동쪽 바다 근처 항구도시를 중심으로 공업 단지가 생겨났어. 지금 이곳은 우리나라 최대의 중화학 공업 지역인 남동임해 공업지대가 되었지.

남동임해 공업지대에는 창원·거제등 경남 지역과 부산, 울산, 여기에 경북의 포항까지 넓게 포함돼. 그중에서도 창원의 기계 공업 단지, 거제의 조선 공업 단지, 마산의 자유 무역 지역 등을 중심으로 경남은 우리나라 수출과 산업 발전에 큰 역할을 해 왔어.

최근 경남은 진주·사천의 항공 산업 단지, 밀양의 나노 융합 산업 단지 개발과 발전에도 큰 노력을 기울이고 있어.

3장
산맥이 만들어 낸 아름다운 바다 풍경

경남 땅은 어떻게 생겼을까? 경남의 동쪽은 태백산맥의 끝자락이라 낮은 산악 지대가 발달했고, 서쪽은 소백산맥의 중심이라 높은 산지가 펼쳐져 있어.

산맥은 큰 산들이 한 방향으로 길게 뻗쳐 있는 줄기를 말해. 그중 태백산맥은 한반도의 중심이 되는 산맥으로, 강원도 북부에서 경상도 남부까지 이어져. 한반도의 등줄기라고 할까?

소백산맥은 태백산맥에서 갈라져 나온 산맥으로 한반도의 남부에 자리해 있어. 경상도 지역과 다른 지역을 구별하는 자연적인 경계가 되는 산맥이야. 태백산맥보다 작다는 의미로 '작을 소(小)' 자를 써서 소백산맥이라는 이름을 붙였지만 사실 높이나 험한 정도는 태백산맥 못지않아.

태백산맥과 소백산맥에서 갈라져 나온 산맥들은 남해에 이르러 바닷물 속으로 가라앉게 돼. 이 영향으로 바다가 육지로 쑥 휘어져 들어간 만(灣), 삼면이 바다로 둘러싸이고 한 면은 육지에 연결된 반도, 그리고 육지와 떨어져 바다에 떠 있는 섬이 많아졌어. 그러니 바다와 육지가 맞닿는 해안선이 복잡하게 형성돼 있지.

해안선이 복잡할 때의 장단점은 뭘까?

일단 바다 깊이와 해양 환경이 다양해서 수산업에 유리해. 많은 어종이 서식할 수 있고, 양식장을 운영하기에도 좋지. 그리고 해안, 절벽, 섬, 만 등이 어우러져서 절경을 이루기 때문에 관광 산업도 발달하지. 그뿐 아니라 작은 만이 많아서 자연적인 항구를 만들기에도 좋아.

반면, 육상 교통이 불편한 것은 단점이야. 철도나 고속도로 건설이 어렵고 비용이 많이 들거든.

동해와 서해를 반씩 닮은 남해

남해는 동해와 서해의 경계가 되는 바다여서, 동해와 서해의 특징이 섞여 있어. 평균 수심은 100미터 정도로, 서해보다는 깊고 동해보다는 얕은 편이야.

물빛이 탁하고 갯벌이 발달한 서해에 비해, 남해는 물이 깊고 푸른 편이야. 또 서해와는 달리 모래사장이 넓고 해안절벽이 많아. 동해하고 비교하자면, 남해는 해안선이 복잡하고 섬이 많지.

경남에는 555개나 되는 섬이 있어. 이 중에 사람이 살고 있는 섬은 80개야. 그중 거제도는 우리나라에서 제주도 다음으로 큰 섬이지.

섬들을 품어 안은 물길, 한려수도

이렇게 아름다운 바다의 경치를 함께 즐기기 위해서 곳곳에 '해상' 국립공원이 만들어졌어. 1968년에 우리나라 최초의 해상 국립공원으로 지정된 한려해상 국립공원은 한려수도와 남해도, 거제도의 해안 일부를 아우르지.

'한려'는 경남 통영시에 있는 한산도의 '한'과 전남 여수시의 '여'를 한 글자씩 딴 거야. 이렇게 한산도에서 여수에 이르는 물길을 한려수도라고 해.

한려해상 국립공원은 상주·금산, 남해대교, 사천, 통영·한산, 거제·해금강, 여수·오동도, 이렇게 총 6개의 구역으로 되어 있어. 이 중 여수·오동도만 전남이고 나머지는 모두 경남이지.

하늘과 바다의 경계를 잇는 등대섬

하얀 등대가 서 있는 소매물도의 등대섬

한려해상 국립공원에서 둘러볼 수 있는 섬 중에
가장 널리 알려진 섬은 아마 통영의 소매물도일 거야.
한 해 40만 명에 이르는 관광객이 찾는다고 해.
소매물도 선착장에서 등대섬까지 가는
약 3킬로미터의 바닷길이 아주 유명해.
등대섬에서는 깎아지른 듯한 해안절벽 위에 서 있는
하얀 등대가 새파란 바다와 대비되어
절경을 이루고 있지.

신선도 머물다 간 바위

아름다운 풍경을 볼 수 있는 신선대

거제의 신선대는 바닷가 절벽 위에 있는 넓은 바위야.
이곳에 서면 끝없이 펼쳐진 바다를 보며
시원한 바닷바람을 느낄 수 있어.
날씨가 좋다면 멀리 외도와 해금강도 볼 수 있지.
이곳의 풍경이 매우 아름답다 보니
신선도 쉬어 갔을 법한 풍경이라는 뜻으로
신선대라는 이름이 붙었대.

2부

전쟁의 거센 파도를 견뎌 낸 땅

경남의 역사

경남에서는 어떤 역사적인 일들이 일어났을까? 가야의 탄생과 멸망, 임진왜란 때 한산도 대첩과 진주 대첩을 비롯한 여러 해전의 승리, 6·25 전쟁 때 낙동강 전선 전투와 거제 포로수용소 운영, 3·15 마산 의거 등 여러 사건이 펼쳐졌고 그와 관련한 유적과 유물도 곳곳에 남아 있어.

❶ 창녕 비봉리 패총
신석기 시대 생활을 보여 주는 조개무덤

❷ 김해 구지봉
가야 김수로 왕의 탄생 설화가 깃든 산

❸ 진주 남악서원
통일신라의 영웅 김유신의 영정이 있는 곳

❹ 한산도 대첩 광장
이순신 장군의 승리를 기념하는 광장

❺ 정암진
의병 곽재우가 일본군을 물리친 나루터

❻ 진주성
김시민 장군이 일본군을 물리친 성

❼ 거제 포로수용소
6·25 전쟁 포로를 수용한 시설

❽ 4월 혁명 발원지
3·15 부정선거 규탄 시위 이후 김주열 열사 시신이 발견된 바다 앞

1장
가야의 역사가
살아 숨쉬는 곳

경남 지역에서는 언제부터 사람이 살기 시작했을까? 앞에서 살펴봤듯 경남은 바다와 강을 끼고 있어서 사람들이 모여 살기에 적당한 곳이었어. 그래서 역사가 기록되기 전인 선사 시대(석기 시대와 청동기 시대)부터 사람들이 살기 시작했을 것으로 추정해.

경남에서 발견된 구석기 시대의 유적으로는 거창군의 정장리 유적이 있어. 신석기 시대의 유적으로는 창녕군 비봉리에서 발견된 패총이 대표적이야. 패총은 조개 패(貝)에 무덤 총(冢), 즉 '조개무덤'이란 뜻이야. 사람들이 먹고 버린 조개껍데기가 무덤처럼 쌓인 것을 말하지. 우리나라에서는 창원·김해·양산 등 경남 지역과 부산 등 주로 남해안 지역에서 많이 발견돼.

청동기 시대 유물로는 창원, 양산. 함안, 진주, 거창 등 경남 지역 곳곳에서 반달돌칼, 민무늬토기, 가락바퀴, 그물추 등이 발견되었어.

조개무덤이 왜 유적이야?

패총은 단순한 조개껍데기 더미가 아니라, 신석기 시대 사람들의 생활과 환경, 문화 등을 연구하는 데 매우 중요한 자료야. 이를테면, 패총에서는 어류·포유류·조류의 뼈도 함께 발견되곤 하는데, 이를 통해 신석기 사람들이 수산물과 육상 동물을 함께 먹었다는 걸 알 수 있지. 만약 식물 씨앗이 발견된다면, 이는 채집 생활이 이루어졌다는 증거일 거야.

특히 창녕 비봉리 패총은 당시 고기잡이나 수산물 채집이 활발했다는 것을 보여 주는 단서가 돼.

삼국 말고 삼한

경남 지역이 역사에 처음 등장하는 것은 중국의 역사책《삼국지 위서동이전》과《후한서》등에서야. 이 책들에 따르면 한(韓)은 세 종족이 있었는데, 첫째는 마한, 둘째는 진한, 셋째는 변한(변진)이야. 그중

서쪽에 있는 마한은 54국으로 이루어져 있어 가장 컸고, 북쪽으로는 낙랑, 남쪽으로는 왜(일본)와 맞닿아 있었어. 동쪽에 있는 진한과 그 아래쪽에 있는 변한은 각각 12국으로 이루어져 있었지.

마한·진한·변한 세 나라를 합쳐 삼한이라고 불러. 고구려·백제·신라의 삼국하고 헷갈리면 안 돼! 삼한은 고대 삼국이 들어서기 전인 기원전부터 한반도의 중남부 지방에 세력을 키우던 부족 연맹이니까. 그리고 삼한 중에서도 변한이 바로 지금의 경남 지역이야.

가야, 500년의 터전

기원전 1세기 무렵, 변한에 속했던 여러 작은 나라가 구야국(또는 가락국, 이후 금관가야)을 중심으로 뭉치게 돼. 이를 가야 연맹이라고 부르지. 가야 연맹은 변한의 뒤를 이어 철기 문화를 꽃피웠고, 낙동강과 남해를 끼고 농업을 발달시켰어.

《삼국유사》에 실린 〈가락국기〉에 따르면 42년에 수로왕이 가야라는 나라를 세웠다고 해. 그 뒤로 10대 왕에 걸쳐 거의 500년 동안 나라가 이어졌어.

또 동쪽으로는 황산강(낙동강의 옛 이름), 서남쪽은 바다, 서북쪽은 지리산, 동북쪽은 가야산, 남쪽은 나라의 끝이었다는 자세한 기록도 남아 있어. 지금의 경남 김해시를 중심으로 세력을 키워 갔다고 추정할 수 있지.

📎 **가야 연맹**
지금의 경남 김해시에 자리했던 금관가야(본가야), 경북 고령군에 자리했던 대가야를 비롯해, 아라가야, 소가야, 고령가야, 성산가야가 존재했어.

경남의 인물

황금알에서 왕이 나셨다네
수로왕

42년 3월의 어느 날, 김해의 구지봉이라는 산봉우리에 수백 명의 무리가 모여 있었어. 그들은 하늘에 제사를 지내고 노래를 부르며 춤을 추었지.
"거북아, 거북아, 네 머리를 내어놓아라."
"만일 내어놓지 않으면 구워 먹으리라."
이들은 가락 지역에 사는 주민들이었어. 이 지역에는 아직 나라나 임금이 없어서 작은 촌락으로 나뉘어 생활하고 있었지. 그래서 이 지역에 나라를 세우고 다스릴 임금을 기다리는 중이었는데, 그때 하늘에서 신비한 소리가 들렸어. 곧 새 왕이 여기에 내려올 것이니 노래를 부르며 춤을 추라는 거였지.

거북이 머리 모양을 닮은 구지봉

　주민들이 그 말 그대로 따르자 하늘에서 붉은 보자기로 싼 그릇이 내려왔어. 그 속에는 태양처럼 둥근 황금색 알이 6개 들어 있었지.

　12일이 지난 뒤 황금색 알에서 남자 아기가 차례로 태어났는데, 주민들은 그중 제일 먼저 나온 아기의 이름을 수로라 짓고 금관가야의 왕으로 모셨어. 다른 아기들은? 각각 다섯 가야의 왕이 되었지.

　물론 이 이야기는 실제 역사라기보다 나라와 왕의 위대함을 강조하기 위한 건국 설화로 봐야 해. 구지봉에서 마을 사람들이 불렀다는 노래는 《삼국유사》에 〈구지가〉라는 이름으로 남아 있어.

무덤이 말해 주는 빛나던 시절

김해 대성동 고분군과 이곳에서 출토된 토기들

가야 연맹에서 가장 강력한 나라였던 금관가야의 흔적은
지금도 김해에서 많이 찾아볼 수 있어.
특히 김해 대성동 고분군은
금관가야 왕과 귀족이 묻혀 있는 무덤들이야.
2세기부터 6세기까지 무덤 지역으로 사용됐다고 추정해.
이곳에서 가야의 철기 문화와
강한 군사력을 보여 주는 무기들이 발견됐어.
또 왜에서 만든 토기와 장신구도 나왔지.
가야가 왜와 활발히 교역했다는 증거야.

우리 이웃이 무서워졌어요

가야는 철 생산과 철기 제작 기술을 발전시키고 낙동강 주변 기름진 땅에서 농업을 일으켰어. 또 바다 건너 왜와 교역하며 경제와 문화를 발전시켜 나갔지.

그러나 가야에게 위기가 찾아와. 이웃해 있던 고구려·백제·신라가 달라졌거든. 이들 삼국은 여러 부족을 강력한 하나의 왕 아래 모으면서 중앙집권 국가의 틀을 마련했지. 나아가 나라 밖까지 정복 활동을 벌여 영토를 넓혀 나갔어.

그러나 가야는 삼국과 달리 연맹 국가의 모습을 그대로 이어 가고 있었어. 그러다 백제와 신라의 세력이 커지면서 점점 힘을 잃게 되지.

고구려와 신라에 의해 멸망하다

400년, 백제는 가야-왜와 연합해 신라를 침공했어. 이에 신라는 북쪽의 고구려에 군사를 보내 줄 것을 요청했지. 고구려 광개토대왕은 5만 명의 대군을 신라로 보내서 백제-가야-왜 연합군을 몰아냈어. 게다가 후퇴하는 가야와 왜를 낙동강 하류까지 추격해 금관가야의 주요 영토를 차지했지.

532년, 이번엔 힘을 키운 신라의 법흥왕이 금관가야를 공격하려 했어. 이길 수 없다고 판단한 금관가야는 신라에 항복했지. 이때부터 김해 지역을 비롯한 금관가야는 신라에 속하게 돼. 그 대신 대가야가 새로운 가야 연맹의 우두머리가 되었어.

그런데 가야 연맹은 554년에 또다시 백제와 연합하여 신라를 침공하게 돼. 그러다 562년, 결국 신라에 의해 멸망당하고 말지.

> **법흥왕**
> 삼국 시대 신라의 제23대 왕으로, 왕권을 강하게 하고 가야를 합병하여 영토를 확장했지. '건원'이라는 연호(임금이 즉위한 연도를 높여 부르는 이름)를 처음 사용해서, 신라도 중국의 여러 나라와 대등하다고 선언한 왕이야.

경남과 경북, 둘이 되기까지

이후에 고대 삼국을 통일한 통일신라는 전국을 9주 5소경으로 나눴어. 이때 '상주'(지금의 상주), '양주'(양산), '강주'(진주)가 3주를 차지하게 돼. 김해는 5소경 중 금관소경으로 불리며 경남의 중심지 역할을 이어 갔지.

1106년, 고려 예종 때 경상도 지역을 묶어 '경상진주도(경주-상주-진주)'라 이름 지었어. 그 후 '경상주도(경주-상주)'와 '진합주도(진주-합천)'로 나뉘었다가, 다시 합하여 '경상주도'가 돼. 그리고 앞서 보았듯 1314년, 고려 충숙왕 때 경주의 '경', 상주의 '상'을 따서 드디어 '경상도'라는 이름이 확정된 거지.

1407년, 조선 태종은 낙동강을 기준으로 동쪽을 경상좌도, 서쪽을 경상우도로 나누었어. 지금처럼 남도와 북도로 나뉘게 된 것은 고종 때인 1896년, 전국을 13도로 개편하면서부터야.

> **13도**
> 고종은 국호를 대한제국으로 바꾸고 광무개혁을 통해 근대화를 하려 했어. 그중 하나가 지방 행정 구역을 13도로 나눈 거야. 수도인 한성부 외에, 경기도·충청북도·충청남도·전라북도·전라남도·경상북도·경상남도·황해도·평안남도·평안북도·강원도·함경남도·함경북도, 이렇게 말야.

1장 가야의 역사가 살아 숨쉬는 곳

경남의 인물

삼국을 통일한 가야의 후손
김유신

　김유신은 금관가야를 세운 수로왕의 12대 후손이자, 금관가야의 마지막 왕이었던 구해왕의 증손자야. 그는 595년, 신라 진평왕 때 도읍지인 경주에서 태어났어. 그의 아버지 김서현은 신라의 장군이었고, 어머니 만명부인은 신라 왕족 출신이었지.

　김유신은 태몽도 남달랐다고 해. 그의 아버지는 하늘에서 두 개의 별이 내려오는 꿈을 꿨고, 어머니는 금빛 갑옷을 입고 구름을 탄 동자가 집으로 들어오는 꿈을 꿨다니까.

　김유신은 15세에 화랑이 되어 무리를 이끌고 고구려·백제와 전투를 치르

김유신의 위패가 모셔져 있는 진주 남악서원

고 귀족층의 반란을 막으면서 나라의 중요한 인물로 성장했어. 선덕여왕 때 김춘추와 함께 뛰어난 활약을 펼치며 나라와 왕실의 위기를 극복했지. 김춘추가 김유신의 누이인 문희와 결혼을 하면서 태종무열왕에 오르자, 김유신의 정치적 위치가 더 높아지게 돼.

무엇보다 김유신은 통일신라 탄생의 주인공이라고도 할 수 있어. 신라-당나라의 연합군이 백제-고구려를 무너뜨리고 삼국통일을 이룰 때, 김유신이 신라의 최고 사령관으로 중심적인 역할을 했거든. 그래서 신라 역사에서 가장 높은 벼슬인 태대각간에 올랐고, 죽어서는 흥무대왕으로 받들어졌어.

임진왜란 최대의 격전지

 조선의 제3대 왕 태종은 여러 제도를 고치고 나라의 기틀을 다지며 왕의 권한을 강하게 했어. 1413년에는 지방의 행정 조직을 경기도·충청도·경상도·전라도·강원도·황해도·평안도·함경도의 8도로 나누고, 그 밑에 330여 개의 목·부·군·현을 두었지.
 지금의 경남은 경상도에 속했고, 목 1개(진주), 도호부 3개(밀양, 김해, 창원), 군 7개, 현 17개를 거느리고 있었어.
 1519년, 조선 중종 때는 국방을 더욱 튼튼히 하기 위해 육군의 군대가 머무는 병영을 울산과 진주에, 수군의 군대가 머무는 수영을 동래와 거제(임진왜란 이후 통영)에 두었지. 동래에 있는 수영을 경상좌

수영, 거제에 있는 수영을 경상우수영이라고 불렀어.

수영은 전국에서 경상도와 전라도에만 설치돼 있었어. 왜일까? 바로 왜구(일본 해적)가 해류를 타고 남해로 침입하는 경우가 많았기 때문이야. 남해는 섬이 많아서 왜구가 도망치거나 숨기에도 좋았지.

결국 1592년(임진년), 일본이 우리나라를 침략하면서 조선 시대의 가장 큰 전쟁인 임진왜란이 일어나게 되지. 임진왜란 때 경남 지역 곳곳에서는 격렬한 전투가 벌어졌어.

'부'와 '도호부'의 차이점은 뭘까?

조선 시대에는 큰 도시나 중요한 지역을 '부'로 지정했어. 예를 들어 수도 한양에는 한성부가 있었고, 개성부·강릉부·전주부처럼 지방의 주요 도시가 '부'로 승격되기도 했지.

'도호부'는 '부'보다 높은 군사적·행정적 역할을 맡은 지역이야. 도호부에는 '도호부사'라는 관리가 임명되어, 지방의 행정뿐 아니라 군사적 역할도 담당했어.

남해 앞바다에서 빵빵 터진 승전보

1592년 4월, 왜군은 조선 땅 부산에 상륙해. 곧바로 부산성, 동래성을 무너뜨리고 도읍지인 한양을 향해 진격했지. 그리고 불과 보름 만에 한양도 함락되고 말았어. 당시 선조 임금은 평양을 거쳐 의주까지 쫓겨 가는 신세가 되었고.

이때 전라좌수영의 지휘관 이순신 장군이 이끄는 조선 수군이 남해 앞바다에서 왜군들을 물리치며 조선에 희망을 주었어. 옥포(거제), 합포(창원), 적진포(통영), 사천(사천), 당포(통영), 당항포(고성), 율포(거제), 안골포(진해) 등등 지금의 경남 지역의 바다에서 승승장구했지. 그중 가장 큰 승리를 거둔 전투는 한산도 대첩이야. 한산도는 현재 통영 앞바다에 있는 섬이야.

> **한산도 대첩**
> 1592년 7월 한산도 앞바다에서 조선 수군이 일본 수군의 주력 부대를 무찌른 전투를 말해. 이 전투로 조선 수군이 남해안에 대한 지배력을 가지면서, 그때까지 매우 불리했던 전세를 유리하게 바꿀 수 있었어.

경남 땅 곳곳에서 일어난 의병들

옥포 해전을 시작으로 조선 수군이 바다에서 왜군을 물리치자 육지에서도 들고일어난 이들이 있었어. 바로 의병들이지. 의병이란, 외적의 침입을 물리치기 위해 백성들이 스스로 조직한 군대를 말해.

의병은 전국 방방곡곡에서 일어났고, 경남 지역에서도 많은 의병이 왜군과 맞서 싸우며 나라를 지키기 위해 목숨을 바쳤어. 경남 지역 의병 가운데 대표적인 인물은 곽재우, 김면, 정인홍 등이야.

곽재우는 의령 지역을 중심으로 의병을 모아 남강의 정암진에서 왜군을 물리쳤어. 왜군이 전라도까지 내려오는 걸 막아 낸 거지. 김면은 거창, 정인홍은 합천을 중심으로 활약했어.

> **김면**
>
> 두 차례나 벼슬을 마다했지만 임진왜란이 일어나자 나라를 위해 나선 의병이야. 그 공을 인정받아 합천군수로 임명되기도 했어. 1593년 1월, 경상우도 병마절도사가 되어 의병을 이끌던 도중에 병에 걸려 사망했지.

의병이 최초로 승리한 나루터

정암진의 1970년대(왼쪽)와 2010년대(오른쪽) 모습

정암진은 경남 의령군 남강에 있는 나루터야.
임진왜란 때 곽재우가 이끈 의병이 처음 승리한 곳이지.
위 사진들은 정암진에 있는 다리인 정암철교와
누각인 정암루를 촬영한 거야.
정암루 앞 남강에는 정암이라는 암석이 드러나 있어.
물에 반쯤 잠긴 솥처럼 생겨서 솥바위라고 불러.

솥을 닮은 정암

그래? 닮았다고?

진주성은 절대 못 넘지

임진왜란 때 침략을 막아 낸 진주성

진주성은 임진왜란 때 경남 지역에서 가장 치열한 전투가
벌어진 곳 가운데 하나야. 진주 대첩은 한산도 대첩,
행주 대첩과 함께 임진왜란의 3대 큰 승리로 꼽혀.
일본군은 곡식이 풍부한 전라도 지역을 차지하기 위해
먼저 진주성을 무너뜨리려 했어.
그래서 2만여 명의 군사들로 진주성을 공격했지.
진주목사 김시민 장군과 곽재우 의병장의 지휘 아래
조선군과 백성은 목숨을 걸고 맞섰어.
훨씬 많은 군사와 신식 무기를 가진 일본군은
6일 동안 진주성에 공격을 퍼부었지만 결국 크게 패했지.

경남의 인물

나라를 어찌 군에게만 맡기리
곽재우

"홍의장군이시다!"

곽재우 의병장은 항상 붉은색 비단옷을 입고 백마를 탄 채 나타나 왜군을 상대했어. 그래서 사람들은 그를 홍의장군이라고 불렀지.

임진왜란 초기에 일본군은 바닷길을 통해 전라도를 차지하려고 했어. 하지만 이순신이 이끄는 조선 수군에게 계속 패하면서 다른 길을 찾게 되지. 바로 경남의 육지를 통하는 방법이었어. 그래서 일본군 2,000여 명은 경남 함안을 점령하고 의령으로 진격했어.

곽재우 유물 중 말 안장(왼쪽)과 벼루(오른쪽)

    1592년 5월, 그들이 남강의 북쪽에 있는 정암진을 지날 때였어. 곽재우가 이끄는 의병대가 일본군을 기습적으로 공격해서 일본군은 큰 피해를 입고 물러서야 했어. 이 전투로 경상도 서부 지역을 지키고 일본군의 전라도 진출을 막을 수 있었지.

    홍의장군 곽재우는 놀랍게도 무인이 아닌 문인 출신이야. 1585년 선조 때에 정시문과에 뽑혔으나, 글의 내용이 왕의 미움을 사서 합격이 취소되었대. 그 이후로 고향인 의령에 살다가 임진왜란이 일어나자 의병을 일으킨 거야.

    벼슬을 취소당했으니 나라에 원망이 있을 만도 한데 그렇지 않았던가 봐. 나라 지키는 일을 군사들에게만 맡길 수 없다고 생각해서 스스로 나섰으니 말이야.

3장

6·25 전쟁과 독재의 상처가 곳곳에

치열했던 임진왜란을 견뎌 낸 조선도 시대의 흐름 속에서 영원할 수는 없었어. 1700년대 산업혁명을 거치면서 덩치를 키운 서구의 제국들이 아시아, 아프리카 등 다른 대륙에도 힘을 뻗치기 시작했기 때문이야.

서구 세력은 먼저 청나라와 일본을 개항시킨 뒤 조선에도 교역을 요구했지만 조선은 계속 거부했지. 그 대가로 프랑스, 미국, 일본 등의 침략을 연이어 견뎌야 했어. 이에 맞서 조선은 1897년에 나라 이름을 '대한제국'으로 바꾸고 독립 국가로서 떳떳이 서기 위해 개혁을 추진했지만 일본의 총칼을 이기지는 못했어.

결국 1910년부터 35년 동안 일본 제국이 한반도를 다스리는 일제 강점기가 계속됐지. 1945년 일본이 태평양 전쟁에서 패하여 연합국에 항복하면서 우리나라도 해방을 맞이하게 되었어.

그러나 1950년 6·25 전쟁이 일어나면서 한반도 곳곳은 전쟁터로 변했고 경남은 대한민국의 최후의 방어 지역이 되었어. 또한 전쟁을 피해 안전한 지역을 찾아온 남북의 피란민들이 머문 지역이기도 했지. 그런 만큼 전쟁의 흔적과 상처를 고스란히 간직하고 있어.

6·25 전쟁은 왜 일어났을까?

제2차 세계대전에서 일본군을 제압한 미국과 소련은 각각 한반도의 남쪽과 북쪽을 나누어서 점령했어. 당시 미국과 소련은 자본주의와 공산주의의 대표로서 서로 팽팽하게 대립하고 있었지. 미·소가 협력하지 못해 한반도 문제는 그대로 유엔에게 맡겨졌고, 유엔은 남북한 총선거를 치르려 했지만 소련이 거부했어. 결국 남과 북은 분단된 채 따로 정권이 들어서게 되지.

이러한 상태에서 북한 지도부는 소련의 승인과 중국의 지원을 받아 한반도를 무력으로 통일하려는 계획을 세우고 몰래 군사력을 키웠어. 그렇게 1950년 6월 25일 새벽, 38선 전역에서 북한의 남한 침략이 일어난 거야.

임시 수도가 된 경남

1950년 6월 25일 새벽, 북한군이 38선을 넘어 남한을 침략했어. 북한군은 탱크를 앞세우며 3일 만에 대한민국의 수도 서울을 점령했고, 아래로 내려가며 침략을 계속했지.

1950년 8월에서 9월, 국군과 유엔군은 낙동강 일대에서 북한군의 공격을 막아 냈어. 그리고 9월 15일 인천 상륙 작전을 펼치며 전쟁의 승패를 뒤집지.

이런 전쟁 상황 속에서 북한군과 공산당을 피해 남쪽으로 내려온 피란민들이 주로 머문 곳이 경남 지역이었어. 당시 경남에 속해 있던 부산이 대한민국의 임시 수도가 되기도 했을 정도야. 정부와 국회, 외교와 금융 등 주요 기관들이 모두 부산으로 이전을 했고, 부산은 100만 명이 북새통을 이루며 사는 대도시가 되었지.

> **인천 상륙 작전**
> 6·25 전쟁 중 유엔군이 인천으로 상륙하여 북한군을 공격한 작전이야. 미국의 맥아더 장군이 이끌었고, 전쟁의 흐름을 바꾼 아주 중요한 전투였지.

낙동강 방어선을 지켜라

낙동강 방어선이라고 들어 봤어? 6·25 전쟁 당시 미국 제8군 사령관이었던 월턴 워커의 명령에 따라 낙동강 동부와 그 일대의 험준한 산맥을 요새로 삼은 방어선이지. 방어선이란, 적의 공격을 막기 위해 군대가 지키는 선(지역)을 뜻해. 쉽게 말하면, 적이 더 이상 앞으로 나아가지 못하도록 막는 최후의 방어 구역인 셈이야.

이 방어선을 지키기 위해 국군과 유엔군은 안동, 의성, 마산, 칠곡, 창녕, 안강, 포항 등 지역에서 북한군과 치열한 전투를 벌여 북한군을 막아 냈어. 만약 이 방어선이 무너졌다면, 지금의 대한민국은 존재하지 않았을지도 몰라.

흥남부두를 떠난 피란민을 받아 준 곳

인천 상륙 작전을 성공시킨 유엔군과 국군은 9월 28일 수도 서울을 되찾고, 북으로 진격했어. 10월 19일에 평양을 점령하고, 10월 29일에는 압록강, 11월 21일에는 두만강 일대까지 이르렀지.

그러나 엄청난 수의 중공군(중국 공산당의 군대)이 북한의 지원군으로 전쟁에 뛰어들어 국군과 유엔군에게 불리한 상황이 됐어. 그래서 1950년 12월 병사 10만여 명과 피란민 10만여 명이 함경남도 중부 해안의 흥남부두에서 배를 타고 철수하게 돼. 이 일을 흥남 철수 작전이라 해.

이때 피란민들을 태운 배가 결국 어디로 갔을까? 바로 경남의 거제도였어. 거제도가 고향을 떠난 북한 피란민들의 터전이 된 거야. 또 거제도에는 포로수용소가 세워져 17만 명이 넘는 전쟁 포로가 머물기도 했어.

> **흥남 철수 작전**
> 철수란 진출했던 곳에서 시설이나 장비를 거두어 물러나는 걸 말해. 흥남 철수 작전은 수많은 피난민을 구한 데다, 군의 전투력을 보존해서 다음 작전을 수행할 수 있게 해 줬어.

전쟁 포로의 비극을 기억하는 곳

거제도 포로수용소의 옛 모습(왼쪽)과 현재 조성된 유적공원의 탱크 전시관(오른쪽)

6·25 전쟁 중에 늘어난 포로를 수용하기 위해
1951년 거제도의 고현과 수월을 중심으로 수용소가 설치됐어.
인민군 포로 15만 명, 중국군 포로 2만 명 등
많게는 17만 3,000여 명의 포로를 수용했지.
이곳에서는 공산주의에 반대하는 반공 포로와
찬성하는 친공 포로 사이의 심한 다툼이 자주 생겼대.
그러다 1953년 7월 휴전협정이 맺어지면서 수용소는 폐쇄되었지.
지금은 '거제도 포로수용소 유적공원'으로 만들어져서
역사의 살아 있는 교육장이자 대표 관광지가 되었어.

피란민에게 일어난 크리스마스의 기적

1950년대의 거제 장승포항 모습

여기도 안 받아 주면 어쩌나 했어요

1950년 12월 23일, 국군과 유엔군이 흥남부두를 통해 철수한다는 소식에 남한으로 내려오려는 북한 주민이 몰려들었어. 준비된 배에 다 타기엔 수가 너무 많았지. 그때 미군의 통역가였던 한국계 미국인 의사 현봉학이 나섰어. 메러디스 빅토리호의 레너드 P. 라루 선장에게 피란민들을 구해 달라고 간곡히 요청한 거야. 선장은 배에 있던 무기를 버리고 피란민을 최대한 태웠지. 배는 부산항에 도착했지만 부산에서 피란민을 받아 주지 않았어. 그래서 선장은 긴 항해를 이어 갔고 12월 25일에 거제도 장승포항에 피란민들을 내려 주었지. 말 그대로 '크리스마스의 기적'이었어.

부정 선거 NO! 장기 집권 NO!

우리나라는 일제강점기와 6·25 전쟁을 겪으면서 큰 침체에 빠져 있었어. 거기에 정권의 부정부패까지 겹쳐서 서민들은 점점 살기가 어려워졌지. 그런데 이 와중에 이승만과 자유당 정권은 권력을 이어가기 위해 1960년 3월 15일, 제4대 대통령·제5대 부통령 선거를 부정 선거로 치렀어. 이에 항거하며 마산 지역에서는 학생과 시민이 두 차례나 거센 민주화 운동을 벌였어. 이를 3·15 마산 의거라 하는데, 4·19 혁명을 불러오는 계기가 되었지.

1979년 10월 16일부터 10월 20일까지 부산직할시(지금의 부산광역시)와 경남 마산시(경남 창원시 마산합포구) 등의 지역에서는 박정희 정권의 장기 집권에 반대하여 대학생과 시민이 민주화 운동을 일으키기도 했어. 이를 부산과 마산의 머리글자를 따서 부마 민주항쟁이라고 불러.

4·19 혁명

이승만 정권의 헌법 유린, 부정부패, 부정선거에 항거하여 1960년 2월 28일부터 4월 26일까지 전국에서 전개된 민주화 운동이야. 이 혁명으로 이승만이 대통령직에서 물러나게 됐어. 대한민국 최초의 전국 단위 민주화 운동으로 평가돼.

경남의 인물
마산 앞바다에 잠든 민주 열사
김주열

    1960년 3월 15일 시위에 나섰던 마산 시민 중에는 고등학생들도 있었어. 그중 하나가 마산상업고등학교 학생 김주열이야.

    그가 시위에 나갔다가 실종된 지 한 달 가까이 지난 4월 11일, 마산 중앙 부두 앞바다에서 홍합을 잡던 어부가 그의 시신을 발견했어. 시신 상태는 참혹했어. 오른쪽 눈부터 뒤통수까지 알루미늄으로 만든 최루탄이 박혀 있었거든.

    최루탄에 대해 들어 봤어? 눈과 코를 자극해서 눈물과 콧물이 절로 흐르고 매우 고통스럽게 하는 독가스를 뿜는 탄알이지.

4월 혁명 발원지의 기념물

　김주열은 시위 중에 눈에 최루탄을 맞고 쓰러졌던 거야. 그런데 왜 바다에서 발견됐냐고? 경찰이 그의 몸에 돌을 매달아 바다에 던졌기 때문이야.
　이를 알게 된 마산 학생과 시민은 분노했고 더 크게 저항했어. 이는 결국 4·19 혁명으로 이어지게 돼. 민주주의와 정의를 원했던 한 평범한 학생의 희생이 전국적인 민주 항쟁을 일으켰던 거야.
　김주열 열사의 시신은 고향인 전북 남원시에 묻혔어. 그가 죽기 직전까지 싸움을 이어 갔던 창원(당시 마산) 국립 3·15 민주묘지에도 임시 무덤이 있지.
　그리고 마산의 바다에서 김주열 열사의 시신이 인양된 지점 역시 '4월 혁명 발원지'라는 이름으로, 2011년에 경상남도 기념물 제277호로 지정됐어.

3부

근현대사의 흐름 속 전통과 향수

경남의 문학

경남은 산과 강과 바다가 어우러진 아름다운 자연과 넉넉한 인심을 바탕으로 오래전부터 문화를 발달시켜 왔어. 그 덕에 수준 높은 예술과 문학이 많이 나왔지.
그런가 하면, 외세의 침략과 전쟁의 시련 속에서 시대의 아픔을 극복하고 새로운 미래로 나아가려는 문학 정신이 전해지고 있기도 해.

❶ 최참판댁
박경리 대하소설
《토지》의 무대

❷ 박재삼 문학관
삼천포 바다 앞
시인의 삶이 숨 쉬는 곳

❸ 김춘수 생가터
통영 대표 시인이 태어난 동네

❹ 화개장터
김동리 〈역마〉의 배경이 된 장터

❺ 해인사
김동리가 머물며
〈산화〉를 완성한 절

1장

한국 근대사의 큰 물결을 그린
박경리의 《토지》

보통 200쪽 넘는 책 한 권 정도 되는 소설을 장편소설이라고 불러. 장편소설이 여러 권으로 길게 이어지는 소설을 대하소설이라고 부르고. 대하(大河), 그러니까 마치 커다란 물결의 흐름처럼 줄거리가 이어지고, 등장인물이 많고 복잡하며, 사건끼리 연결되는 소설이라는 뜻이지.

실제로 대하소설이라고 부르는 작품들은 책이 10권이 넘고 작품성도 우수한 경우가 많은데, 그중 우리나라의 대표적인 작품이 바로 박경리의 《토지》야. 작가가 1969년부터 집필에 들어가 1994년에 전체 5부 16권으로 완성한 대하소설이지.

소설 《토지》는 1897년부터 1945년까지 하동군을 중심으로 이야기가 펼쳐져. 조선 후기부터 일제강점기, 그리고 광복에 이르기까지 우리 역사의 급격한 변화가 다양한 인물의 삶을 통해 그려지고 있지.

그런 만큼 《토지》는 한국 근대사를 아우르는 기념비적인 작품으로 평가받고 있단다.

혼란한 시대 속 주인공의 성장기

《토지》의 장대한 이야기는 경남 하동군 악양면 평사리에서 시작돼. 평사리에서는 양반인 최 참판 집안과 그 땅을 빌려 농사를 짓는 마을 소작인들이 살아가고 있지.

그러다 몰락한 양반 가문의 조준구가 계략을 써서 최 참판 집안의 재산을 가로채게 돼. 최 참판의 손녀인 주인공 서희는 가문을 되찾으려는 집념을 품고, 집안의 노비인 길상과 함께 간도로 이주하지. 그곳에서 서희는 강인한 여성으로 성장하며 사업을 시작하고, 조국을 위해 독립운동 자금을 지원하는 역할도 하게 돼.

해방 이후 서희와 길상은 고향으로 되돌아와. 주인과 노비의 관계였다가 이제 부부 사이가 된 서희와 길상만큼이나 많은 것이 변화해 있는 걸 발견하지. 하지만 땅(토지)만은 그 자리에 그대로 남아 있었어.

간도

중국 길림성의 동남부 지역으로, 두만강 유역의 동간도와 압록강 유역의 서간도가 있어. 간도에 우리나라 사람이 이주하기 시작한 것은 조선 시대부터라고 해. 특히 일제강점기에 일본에 대항하는 독립운동을 벌이려는 우리나라 사람이 많이 이주해 살았어.

슬펐기 때문에 글을 쓸 수밖에 없었다

《토지》를 쓴 소설가 박경리는 1926년에 경남 충무시(지금의 통영시)에서 태어났어. 본명은 '박금이'로, 박경리라는 이름은 소설가 김동리가 지어 준 것이래.

박경리는 1945년에 결혼했지만 얼마 지나지 않은 1950년 6·25 전쟁이 터지고 말았어. 남편은 전쟁 중에 행방불명이 되었다가 서대문형무소에서 죽음을 맞게 돼. 곧이어 세 살짜리 아들까지 세상을 떠나고, 그에게는 딸 하나만 남아.

박경리는 이 엄청난 슬픔을 견디기 위해 글을 쓰기 시작했다고 해. 1955년 김동리의 추천으로 문학 잡지 〈현대문학〉에 단편소설 〈계산〉을 발표하며 소설가의 길에 들어섰어.

서대문형무소

일제가 조선을 침탈하기 위해 1907년 인왕산 기슭에 설계하여 세운 감옥이야. 1945년 광복을 맞을 때까지 수많은 독립운동가를 가두어 고문을 일삼고 목숨을 빼앗은 곳이지. 3·1 만세운동을 이끈 유관순 열사도 이곳에서 숨을 거뒀어.

시대와 개인의 아픔 모두를 담아낸 작가

박경리의 삶은 일제강점기, 6·25 전쟁, 군사 독재 시대에 걸쳐 있는 한국 근현대의 모습과 겹쳐져. 그는 불우한 성장기, 전쟁 때 겪은 남편의 행방불명, 어린 아들의 갑작스러운 죽음, 독재 정권의 폭력 등 자신에게 닥친 불행과 고통을 소설에 담아냈지.

그의 대표작 중 하나인 단편소설 〈불신시대〉는 9·28 서울 수복 전날 밤에 유엔군의 폭격으로 남편을 잃고, 전쟁이 끝난 뒤에는 타락과 폭력으로 치닫는 현실에 시달리는 한 여성의 체험을 담아낸 작품이야.

장편소설 《김약국의 딸들》 역시 독자와 평론가로부터 큰 사랑과 좋은 평가를 받았어. 구한말부터 일제강점기까지 통영을 배경으로, 약국을 물려받아 김약국으로 불리는 김성수와 그의 다섯 딸들의 이야기를 다루고 있지.

> **9·28 서울 수복**
> 수복이란 잃었던 땅이나 권리를 되찾는 걸 뜻해. 6·25 전쟁 중 우리나라는 북한에 수도 서울을 빼앗겼어. 그래서 국군과 유엔군이 인천 상륙 작전 직후인 1950년 9월 18일부터 작전을 진행해 28일 서울을 되찾았지.

《토지》에 푹 빠졌다면 하동!

소설 배경을 재현해 놓은 '최참판댁'

경남 하동군에서는 《토지》의 배경인 최 참판 가족과
그 주변 인물들이 사는 집을 실제처럼 재현해 놓아.
2001년에 9,500제곱미터가 넘는 땅에 기와집을 열 동이나 세웠지.
그 주변에는 평사리 문학관, 농촌 문화예술 체험관,
전통문화 전시·체험관, 읍내 장터, 드라마 세트장 등도 있어.
각종 문학 체험 프로그램도 운영하고 있어서,
하동군의 대표적인 문화 관광지라 할 만해.

2장
한국문학에 획을 그은 시인
박재삼과 김춘수

경남은 한국문학의 역사에서 뛰어난 시인이 많이 태어난 지역이야. 대표적으로 박재삼, 김춘수, 유치환 등을 들 수 있지. 지역적 특색을 살리면서도 보편적인 인간의 삶과 죽음을 다룬 작품이 많아서 오늘날까지 사랑받는 작가들이야.

통영은 해안 도시로서 아름다운 자연 환경과 역사적·문화적 전통을 지녔어. 그래서인지 문학을 비롯해 음악, 미술의 창작 활동이 활발했지.

특히 경남의 문학을 이야기하려면 통영문화협회의 존재를 빼놓을 수 없어. 통영문화협회는 시인 유치환과 김춘수, 시조 시인 김상옥, 음악가 윤이상, 화가 전혁림, 극작가 박재성 등이 해방 직후 통영에서 만든 단체야. 해방된 고향 땅에서 사회에 보탬이 되고자, 야간학교와 한글 강습회를 운영하고, 음악·연극·무용 등 공연과 미술 전시회를 열기도 했지. 지금까지도 이 전통을 잇는 다양한 문학제, 음악제 등이 통영에서 열리곤 해.

삼천포 바다가 기른 시인 박재삼

박재삼은 평범한 일상생활과 자연을 소재로 한국인의 정서를 애틋하고도 아름다운 운율로 노래한 시인이지. 박재삼은 1933년 일본 도쿄에서 막노동을 하던 아버지와 어머니 사이에서 둘째 아들로 태어났어. 3년 뒤 귀국한 그의 가족은 어머니의 고향인 경남 사천군 삼천포읍(지금의 사천시 서금동)에서 살게 돼.

박재삼은 가난 때문에 중학교 진학을 제때 못 하고 삼천포여자중학교에서 잔심부름을 하는 사환으로 취직했어. 그때 그 학교의 교사로 있던 시조 시인 김상옥과 알게 되면서 시의 세계를 만나게 되었지.

1955년에 데뷔한 그는 〈춘향이 마음〉, 〈울음이 타는 강〉 등 꾸준하게 작품을 발표하며 경남을 대표하는 시인이 되었어. 그의 어린 시절 동네에 있는 노산공원에 가면 박재삼 문학관과 그의 시가 새겨진 비석을 볼 수 있어.

김상옥

1920년 경남 통영시에서 태어났고, 1945년 해방되던 해에 김춘수 등과 함께 통영문화협회를 만들어 예술운동을 벌이는 한편, 삼천포 문화동지회를 만들어 한글운동을 벌였어. 통영 출신의 음악가 윤이상이 그의 시 〈추천〉, 〈봉선화〉에 곡을 붙이기도 했지.

엉뚱한 행복이 기다릴 것 같은 삼천포

노산공원, 박재삼 문학관과 이어지는 삼천포항

박재삼은 삼천포 바다와 강을 바라보며 시를 쓰곤 했대.
그래서인지 시에 바다, 파도, 어촌, 고향의 정서가 듬뿍 묻어나지.
삼천포시는 경남 서남쪽에 있던 지역으로, 1995년 5월에
사천군과 합쳐져 사천시가 되었어. 하지만 여전히
'삼천포로 빠진다'라는 관용구로 익숙한 지역이지.
잘 가다가 갑자기 엉뚱한 데로 빠질 때 쓰는 표현이야.
이 말을 들으면 왠지 진짜 삼천포에 가 보고 싶어지지 않아?

한국 시의 지평을 넓힌 김춘수

통영에서 태어난 한국의 대표적인 현대 시인으로 김춘수를 들 수 있어. 그의 대표작 〈꽃〉이라는 시는 세대를 넘어 국어 교과서에 단골로 실리곤 하지. 자연을 노래한 아름다운 서정시로 느낄 수도 있지만, 누군가에게 이름을 붙여 불렀을 때에야 그가 존재의 의미를 갖는다고 말하는 철학적 작품이기도 해.

김춘수는 1922년 부유한 집안에서 태어났어. 통영에서 어린 시절을 보내고, 1940년 일본으로 건너가 니혼대학 예술과에서 공부했지. 하지만 일본 천황과 조선총독부를 비판하여 1943년에 퇴학당했대.

해방이 되자 그는 고향으로 돌아와 통영중학교, 마산중학교에서 교사로 일했어. 1946년에 시 〈애가〉를 발표하면서 등단했고, 1966년에는 경상남도 문화상을 받았어. 그 뒤로 시인으로서뿐 아니라 영남대학교 국어국문학과 교수로 수많은 제자를 가르쳤지.

> **경상남도 문화상**
>
> 경남의 지역 문화 발전에 크게 기여한 도민에게 수여하는 상이야. 1962년 제정되어 지금까지 이어지고 있지. 학술·교육과 문학, 조형, 공연, 문화·언론, 체육, 청년 등 다양한 부문으로 시상해.

김춘수의 흔적을 따라 걷는 꽃길

김춘수 생가 골목

김춘수가 어린 시절을 보냈던 곳은 통영시 동호동이야.
지금 그곳은 김춘수 생가 골목으로 꾸며져 있어.
골목 곳곳의 벽에 그의 모습과 시가 그림으로 그려져 있지.
생가 골목에서 시작해 〈꽃〉이 쓰인 비석이 있는 공원,
김춘수의 유품 전시관 등도 걸어서 가 볼 수 있어.

3장

경남을 사랑한 소설가
김동리의 〈역마〉와 〈산화〉

김동리는 교과서에 작품이 자주 실리는 한국의 대표 소설가 중 하나야. 한국문학의 정체성을 확립한 중요한 인물이지. 특히 토속적이고 신화적인 작품들을 통해 한국문학의 깊이를 더했다는 평가를 받아.

김동리도 경남 출신 작가냐고? 아니, 그렇진 않아. 그는 1913년 경북 경주시에서 태어났어. 하지만 경남에서 태어난 이들보다 경남에 대한 애정이 오히려 더 깊은 것처럼 보이기도 해. 경남 지역을 중심으로 작품 활동을 했고, 그곳에서의 문학적 경험이 그에게 중요한 영향을 미쳤거든.

특히 김동리는 경남 사천시 곤명면 다솔사라는 절에서 10여 년간 머물렀다고 알려져 있어. 그 시절에 많은 작품을 구상하고 집필했지. 또한 광명학원이라는 야학을 세워서 농촌 계몽 운동을 펼치기도 했대.

실제로 화개장터와 같은 경남의 명소를 배경으로 이야기를 쓰기도 했고, 나아가 전통적 가치, 운명에 따르는 정서 등도 경남의 특색과 맞닿아 있다고 볼 수 있어.

〈역마〉: 사랑할 운명, 떠날 운명

김동리가 1948년에 발표한 단편소설 〈역마〉는 경남 하동군 화개면의 화개장터를 배경으로 하고 있어. 한 가족의 운명을 그리면서 인간에게 주어진 숙명과 전통적인 가치가 삶에 어떤 영향을 미치는지 보여 주지.

작품 속 화개장터에 자리 잡은 주막에 옥화와 그의 아들 성기가 살고 있어. 어느 날 보부상인 체장수와 그의 딸 계연이 주막을 찾아오지. 성기와 계연은 서로 애틋한 감정을 품지만 성기는 옥화에게 충격적인 이야기를 듣게 돼. 계연이 성기의 배다른 이모라는 거였지. 결국 성기는 엿판을 메고 유랑을 떠나.

개인이 자신에게 주어진 운명과 갈등하는 모습을 그리면서, 전통과 현대가 공존하는 경남 사회의 변화상을 상징적으로 보여 주는 작품이야.

> **보부상**
> 조선시대에 지방에서 열리는 시장에 다니며 물건을 교환하던 상인을 말해. '보상', '부상'을 합쳐 '보부상'이라고 하지. 보상은 무게와 부피가 작지만 비싼 옷감, 놋쇠 그릇 등을 다루었고, 부상은 그 반대인 어류와 소금, 무쇠 등을 다루었다고 해.

경상도와 전라도가 만나는 장터

화개장터에 있는 보부상 동상

〈화개장터〉라는 노래를 들어 봤어?
"전라도와 경상도를 가로지르는~"으로 시작하는 노래.
화개장터는 지리산 근처에 있어서, 예로부터
전라도와 경상도 사람들이 만나 물건을 사고팔던 곳이었어.
지금도 화개장터에 가면 옛날 장터 분위기를 느끼면서
물건도 사고, 먹거리도 즐길 수 있어!
전통 공연이나 놀이를 체험할 기회도 있지.

<산화>: 인간의 탓일까, 하늘의 뜻일까

1930년대 중반 김동리는 경남 합천군의 절 해인사에 머물며 글을 썼어. 그때 완성한 작품이 바로 단편소설 <산화>로, <동아일보> 신춘문예 당선작이야.

이 작품은 화전민으로 살아가는 뒷골 마을 사람들이 겪는 재난을 다루고 있어. 화전이란 주로 산간 지대에서 풀과 나무를 불태우고 그 땅을 일구어 농사를 짓는 밭을 말해. 그만큼 먹고살기가 어렵다는 얘기지.

작품 속에서 이들이 불행을 겪는 이유는 무엇보다 지주로 군림하는 윤 참봉 때문이지만, 마을 사람들은 그렇게 여기지 않아. 모든 재난을 하늘과 산신이 내리는 천벌로 받아들이지. 하지만 한편으로 제목인 '산화(山火)', 즉 산불은 그러한 굴레에서 벗어나려는 저항을 의미한다고 볼 수도 있어.

8만 개의 나무판에 담긴 마음

해인사 일주문의 눈 오는 풍경

해인사는 경남 합천군 가야산에 있어.
산속 깊은 곳에 있어서 자연과 함께 어우러진 아름다운 절이야.
통일신라 시대에 지어진 후 고려, 조선을 거쳐
지금까지도 중요한 절로 남아 있어.
특히 해인사에는 세계문화유산인 팔만대장경이 보관되어 있지.
팔만대장경은 고려 시대 때 몽골 침략에
저항하는 의지를 담아 만든 불교 경전으로,
무려 8만 개가 넘는 나무판에 새겨져 있어.

사진 출처

- **21쪽** 한국학중앙연구원 / 한국민족문화대백과사전
- **25쪽** 문화재청 / 국가유산청 국가유산포털
- **32쪽** 국립공원공단
- **33쪽** 거제시
- **43쪽** 한국학중앙연구원 / 한국민족문화대백과사전
- **44쪽** 김해시 / 국가유산청 국가유산포털
- **49쪽** 한국학중앙연구원 / 한국민족문화대백과사전
- **54쪽** 셀수스협동조합 / 한국저작권위원회
  의령사랑위키어린이기자단 / wikimedia
  Dittwjfsdgkvkdjg / wikimedia
- **55쪽** 한국학중앙연구원 / 한국민족문화대백과사전
- **57쪽** Urwiki2016 / wikimedia
  한국학중앙연구원 / 한국민족문화대백과사전
- **63쪽** 한국저작권위원회 / 2018년공유저작물DB수집
  Kang Byeong Kee / wikimedia
- **64쪽** 한국저작권위원회 / 2018년공유저작물DB수집
- **67쪽** 해양수산부 / 국가유산청 국가유산포털
- **77쪽** 이상화 / 한국저작권위원회
- **81쪽** 해양수산부 / 국가유산청 국가유산포털
- **83쪽** 통영시 / 경상남도
- **87쪽** 한국학중앙연구원 / 디지털하동문화대전
- **89쪽** 유네스코한국위원회 / wikimedia

참고 사이트

- 경남의섬
- 경상남도
- 국가유산포털
- 국토지리정보원
- 디지털하동문화대전
- 민주화운동사전
- 우리역사넷
- 위키미디어
- 지표누리
- 한국민족문화대백과사전
- 한국저작권위원회 공유마당
- 행정안전부 내고장알리미

다른 인스타그램

뉴스레터 구독

지리·역사·문학 지역 체험 학습
우리가 간다 경남

초판 1쇄 2025년 4월 5일

지은이 지호진
그린이 이진아

펴낸이 김한청
기획편집 원경은 차언조 양선화 양희우 유자영
마케팅 정원식 이진범
디자인 이성아 황보유진
운영 설채린

펴낸곳 도서출판 다른
출판등록 2004년 9월 2일 제2013-000194호
주소 서울시 마포구 동교로 27길 3-10 희경빌딩 4층
전화 02-3143-6478 **팩스** 02-3143-6479 **이메일** khc15968@hanmail.net
블로그 blog.naver.com/darun_pub **인스타그램** @darunpublishers

ISBN 979-11-5633-675-4 74300
      979-11-5633-673-0 (세트)

* 잘못 만들어진 책은 구입하신 곳에서 바꿔 드립니다.
* 이 책은 저작권법에 의해 보호를 받는 저작물이므로, 서면을 통한 출판권자의
  허락 없이 내용의 전부 또는 일부를 사용할 수 없습니다.

다른 다른 생각이
        다른 세상을 만듭니다